Sketches of blue

スケッチ・オブ・ブルー

この旅の、はじめに。

この本は、もとい僕のアメリカ横断の旅は、漫画『BLUE GIANT』に触発されたことに端を発します。単行本の1巻を手にして以来、読者として主人公である宮本大の、実直で純粋で非常に熱いその姿に心打たれたことはもちろん、物語の動向を追い続ける過程で僕は幸運なことに、ある雑誌の企画で大の人生初ライブを一話まるごと紹介する仕事にも関わることができました。その打ち上げの席で著者である石塚真一さんから頂戴したサインは今も家宝です。

コロナ禍の後、年に1冊のペースで本を作り続けて3冊目。常に自分が熱狂する対象をテーマに選びながら、今回は20年に及ぶジャズ愛をどんな形で表現するか? 思案する過程で脳裏をかすめたのは、宮本大が「EXPLORER」編で続けたアメリカ横断の旅。例えば大がサンフランシスコで訪れた「SFC JAZZ」や「BROWN CAT JAZZ」といったヴェニューが現地取材に基づいて描かれた光景であることに気づき、もしかしたら聖地巡礼のような企画ができるんじゃないかと浅はかに思ったことが出発点でした。

生真面目に小学館のビッグコミック編集部に電話して、拙いアイデアを説明するも即座に玉砕。諦めればいいものの、諦めの悪い僕は"ジャズでアメリカ横断"という妄想に取り憑かれ、もはや聖地巡礼という邪念も蒸留されて、カメラを手にすべく西新宿に向かい、大と同じくシアトルからはじめる旅の準備に取り掛かったのです。

―誰に請われたわけでもない冒険―

これは出版1作目で追いかけた音楽家の三宅純さんが、2024年66歳にして活動の拠点をニューヨークに移す際に残した言葉です。演奏家でもない自分が"ジャズでアメリカ横断"する必然性はないでしょう。でもその衝動を止めることができなかったのは、その愛が即興ではなく20年に及ぶ小節で奏でられ、そのスコアを彩った音がまだメロディーを失っていなかったからなのです。そして僕が試みた"誰に請われたわけでもない冒険"は、まるで物語のような現実を心に刻みました。

この『スケッチ・オブ・ブルー』は、漫画に触発されて、誰に請われたわけでもない冒険をして、物語のような現実を心に刻んだ旅の記録なのです。

三浦 信

Footsteps in USA　アメリカ合衆国編　軌跡

Destination 1

SEATTLE

マリンブルーの空の下。
そこからはじまるサムシング。

旅のはじまりをシアトルに決めて、地元にどんなヴェニューがあり、滞在期間にはどんな公演があるのか調べ、気になるアーティストの詳細を洗っていく。この街を皮切りにニューヨークに至るまで繰り返す手筈、その礎が築かれます。

渡米前からアーティストにアポイントの申し入れをして、それを受け入れてくれた数少ない街のひとつであるシアトル。この生真面目に「僕は日本から参りますナニガシと申しまして」っていう自己紹介はどんなに取り繕っても好奇心よりむしろ警戒心を誘うようで、その後多くの成果を得ず。むしろ直接会えることができればそれが一番手っ取り早いということがこの旅をはじめてすぐに分かりました。とにかく自分の顔を見せる。そこからはじまるサムシング。

天下のスターバックス創業の地にして、あのイチローも在籍したマリナーズ本拠地。マリンブルーの空の下、美しい景観を望むこの街のサイズは、想像したほど大きくはありません。音楽的な側面を取り上げるならジャズよりむしろロックの街で、建築的にもアイコニックな存在として目を引くミュージアム・オブ・ポップカルチャー（MoPOP）は地元の英雄ニルヴァーナの常設展で賑わっています。

ジャズのコミュニティは存在するものの当然そのサイズもまた小さく、しかしながらそこにアメリカ生まれの若き日本人トランペッター、イイダ・ジュンさんが居たことは幸いでした。だってこの旅は現実の世界に、リアルな『BLUE GIANT』を探す旅でもあるわけですから。甘いマスクに繊細な演奏と歌声。情熱的な宮本大よりむしろウエストコースト・ジャズの伝説、チェット・ベイカーを彷彿させました。

シアトルでは非営利団体として地元のジャズコミュニティをサポートする The Seattle Jazz Fellowship が主催するセッションも堪能。その日の主役はトロンボーン奏者コナー・アイゼンメンジャー率いるクインテット。翌日は街のはずれに店を構え、シアトルの音楽シーンでアイコニックな存在として愛されている「The Royal Room」へ。奇しくも前日に引き続きトロンボーン奏者が主役を務める夜で、その名はナオミ・ムーン・シーゲル・アンサンブル。短い滞在期間の中でも密度が濃く、レベルが高い演奏を楽しめたのは、宮本大が「EXPLORER」編の1巻で早速感じているように、音楽が"近い"アメリカの魅力に尽きるわけで。これから続く旅の行く末に、否が応でも期待に胸が膨らむのでした。

The Royal Room

27 April 2023

Owl N' Thistle

27 April 2023

Footsteps in Seattle

26 April 2023
Conner Eisenmenger
at Vermillion

Conner Eisenmenger (tb), Steve Treseler (ts),
Dan Kramlich (p), Paul Gabrielson (b), Rocky Martin (dr)

https://www.vermillionseattle.com/
https://seattlejazzfellowship.org/events

27 April 2023
Naomi Moon Siegel Ensemble
at The Royal Room

Naomi Moon Siegel (tb), Andy Coe (gt),
Ray Larsen (tp), Kelsey Mines (b), Marina Albero (p),
Christopher Icasiano (dr)

https://theroyalroomseattle.com/

27 April 2023
WIP Quintet (Jun Iida)
at Owl N' Thistle

Jun Iida (tp), Greg Kramer (tb), Matt Williams (vib),
Conrad Real (dr), Julian Weisman (b), Nick Simko (tp)

https://owlnthistle.com/

PORTLAND

アメリカの世田谷。
便利や豊かさ、その先にあるもの。

ポートランドは以前から気になる街でした。ちょうど 10 年ほど前でしょうか？ この街から生まれた雑誌『KINFOLK』が従来のトレンド崇拝とは異なるアティチュードで、ちょっと抜け感ある新しいライフスタイルの形を提案し、日本でも『POPEYE』が当時のリベラルな空気を、かつてのサンフランシスコに例えながら紹介していました。

10 年の時を経てこの旅の目的地として実際にリサーチしてみると、毎年ジャズフェスが催されているし、その出演者の顔ぶれも現行ジャズの最前線で活躍するアーティストが一堂に会する素晴らしいプログラム。知られざる魅力がまだまだあるような気がして、期待値がどんどん上がっていきました。

シアトルからレンタカーで移動すること 3 時間。ついに足を踏み入れたこの街の印象は、アメリカの「世田谷」。もちろんシェイクシャックみたいなチェーン店もあるけれど、通りを彩るのはオーナーのセンスが光る個人商店。そんなところが「世田谷」感たる所以です。ジャズを演るのだってただのライブハウスじゃない。僕を温かく迎え入れてくれた「The Old Church」は文字通り歴史的建造物にも指定されている古い教会を活用したコンサートホール。教会なのに、中でちゃんとお酒だって呑めてしまうのはこの街の抜け感が為せる業。

人々は優しく、勝ち負けにこだわらず、今を楽しむために生きている。『BLUE GIANT』で宮本大が感じる、ゆったりとした空気が確かにそこに流れていました。でも街を作るのはやっぱり人ですから、実際に現地の人から話を聞けば、印象とはまた異なる街の実像が浮かび上がってきます。

インタビューのため滞在先の Ace Hotel まで僕を訪ねてくれたローカルのドラマー、マチャド・ミジガは、ジャズに限らず、ここポートランドにはアヴァンギャルドな活動を推進するコミュニティもあると教えてくれます。またジャズ・コミュニティにはお馴染みのヴェニュー「The 1905」の当時のオーナー、アーロン・バーンズは、自分でも未だにポートランドを解明できないほどに、常に有機的な変化をする街だと教えてくれました。どちらも雑誌や Google では拾えなかった街の側面。

生で聞く情報の価値。体験は知識を凌駕する。現代に溢れる便利や豊かさの先にあるものを、このポートランドで確認できたような気がします。

Footsteps in Portland

29 April 2023
Brandon Goldberg Trio
at The Old Church

Brandon Goldberg (p), Ben Wolfe (b), Aaron Kimmel (dr)

https://www.tocportland.org/

30 April 2023
Cheryl Alex & Randy Porter
at Vino Veritas

Cheryl Alex (fl/vo), Randy Porter (p),
Harrison Richter (p/guest), Percy Flint (fl/student)

https://www.vinoveritaspdx.com/

1 May 2023
Benny Benack III
at The 1905

Benny Benack (tp/vo), Randy Porter (p), Alex Frank (b),
Joe Peri (dr), Christian Wiggs (vo)

https://www.the1905jazz.club/

The Old Church

29 April 2023

Destination 3

SAN FRANCISCO

子犬のような瞳で果敢にチャレンジ。
ちょっとワイルドな街で、光るイノセンス。

個人的に縁が続く街、サンフランシスコ。前回の滞在は、伊丹十三監督作品「タンポポ」を 13 のサイド・ストーリーから再考する書籍『TAMPOPO 13』の制作に際し、オークランドの「RAMEN SHOP」取材のために訪れていました。その際足を運んだヴェニューがテンダーロインという、それはそれは荒れ果てた街のど真ん中に位置する「BLACK CAT」というお店。世界を股にかけて活躍中のキーボード奏者、BIGYUKI さんお墨付きの箱で、若手のアーティストを積極的に起用するオーナー、フリッツさんの裁量がキラリと黒光りするプログラミング。この時すでにおや!? と思ったのは、『BLUE GIANT』で宮本大がかの地で演奏する「BROWN CAT JAZZ」は、まさにこの「BLACK CAT」をモチーフにしているではないですか。この時も地元のアーティストである Dame Drummer さんのソウル・フィーリング溢れる演奏に、心を鷲掴みされました。

改めて上陸を果たしたサンフランシスコは、コロナの影響もあって前回よりまたさらに街としての活気は失われつつあるように感じましたが、文化の萌芽は時代の節目にこそ生まれるといいましょうか。「BLACK CAT」のみならず、老舗の「SF JAZZ」やたまたま遭遇することができた訪米中の Alfa Mist の公演でも、音楽がアップデートされていくその瞬間に立ち会えたような気がしました。短い滞在期間の中で頻繁にやってくる " 今オレ凄いもの観ているのかも " という予感が、都度実感を伴ってサンフランシスコの突き抜けるようなスカイ・ブルーに塗り変えられていく。僕がこのプロジェクトを『スケッチ・オブ・ブルー』と題した理由はまさに、そのイノセントな感覚を封じ込めたかったわけで。

とはいえもうおじさんの域に達する自分が無垢を売りにし過ぎたか？上述の Alfa Mist の公演ではそもそもヴェニューが撮影禁止の場所だということでカメラを取り上げられるも、子犬のような瞳で懇願してプレス・パスを発行してもらったり、取材なんて絶対 NG と拒否された「SF JAZZ」でも、たまたまその日ステージに上がっていたベーシスト、中村恭士さんに突撃取材させていただく幸運にも恵まれました。ましてや中村さんは、この企画を進めるなら会わなければいけない人物だと BIGYUKI さんから強く提言いただいていたアーティスト。改めましてあの日お相手いただいたことに、深くお礼申し上げます。

多様な街と言われるベイ・エリア。ちょっとワイルドになったようにも見受けられたこの街で、イノセンスは余計に大切な持ち物であるように感じました。

Footsteps in San Francisco

3 May 2023

THE RUCKUS
at White Rabbit

Rodney Ruckus (key/dr/vo)

https://www.whiterabbitsf.com/

4 May 2023

Danny Janklow + Elevation Band
at Black Cat

Danny Janklow (sax/fl), Katherine Ella Wood (vo),
Dennis Hamm (p/key), Ian Martin (eb), Anthony Fung (dr)

https://blackcatsf.com/

5 May 2023

ALFA MIST
at August Hall

Alfa Sekitoleko (AKA Alfa Mist / key), Jas Kayser (dr),
Kaya Thomas-Dyke (b/vo), Jamie Leeming (gt),
Johnny Woodham (tp), SLY5thAVE (sax)

https://www.augusthallsf.com/

3 May 2023

Black Cat

4 May 2023

August Hall

5 May 2023

August Hall

5 May 2023

Destination 4

LOS ANGELES

ジグザグに受ける洗礼。
キレイごとも言い訳も手放して。

『BLUE GIANT』の中では"スムーズジャズの街"と形容されたロサンゼルスのシーンについて調べると、ジャーナリストの原雅明さんがフライング・ロータスや彼が主宰するレーベル「BRAINFEEDER」について触れた記事、それにレアグルーヴを現代に蘇らせる「JAZZ IS DEAD」に関するニュースを目にします。ニューヨークやシカゴあたりのトラディショナルな雰囲気とはなんだか異なる新しいムーブメントに期待で胸が膨らみ、そのまま意気揚々と現地に足を踏み入れてみたわけですが、いやはやなかなかその実態に迫るのは難しい。単純に街が大きすぎるのです。気になるヴェニューはあっても点在していて移動に時間もお金も要するうえ、自分の滞在スケジュールとめぼしいギグの情報が噛み合わないなど、想定していなかった苦労を伴いました。

全然スムーズじゃない、むしろジグザグな旅程となったロサンゼルス。初日に選んだヴェニューは、カマシ・ワシントンをはじめ若かりし West Coast Get Down の面々が腕を磨いたという LA ジャズの聖地、「The World Stage」へ。どうやらローガン・リチャードソンというその筋ではヒップなサックス奏者を拝めると知り、ホテルから移動すること 30 分。そしていきなりギグのキャンセルという悲痛なお知らせ。おいおいこちとらはるばる極東の国から上京した身。1 日も無駄にはできません。30 分のリサーチ時間を挟んで再び 30 分かけて向かった先が、ハイランド・パーク近く

の「eta」。今はもう閉業してしまったらしいのですが、此処がロサンゼルスにおけるベスト・ヴェニューでした。ライブミュージックとオイスターバーという異色のマリアージュ。クセになって後日また行けば、振り向くとサンダーキャットが兄ロナルド・ブルーナー・ジュニアのドラムを肴に呑みに来てたり、ちょっと東京ではあり得ないシチュエーション。ちなみにそのロナルドからは演奏中にカメラなんか向けるんじゃねぇと一喝された次第。まさしく洗礼を受けました。

「eta」のみならず、空港近くの「Sam First」はとりわけストレートアヘッドなジャズを楽しむのに最適。それぞれのヴェニューに思い出はありますが、SNS 社会の昨今、良質なギグ情報は突然やってきます。アーティストも集客人数を散らすために情報は細切れに出しますから臨機応変に対応できるよう、ゆとりを持った旅程が必要。そして英語力。もちろん気持ちは大事かもしれませんが、やっぱ下手だとナメられるというのが実情です。特に僕が覗こうとする世界では英語ができないと何もできません。キレイごとも言い訳も、近道もなし。揺るがぬ世界の常識なので、英語スキルはひたすら磨き続けましょう。

Footsteps in Los Angeles

29 September 2023
Billy Mohler
at eta

Dave Harrington (gt), Jay Bellerose (dr), Billy Mohler (b)

6 October 2023
Brandon Coleman
at eta

Brandon Coleman (key), Ronald Bruner Jr. (dr),
Ben Williams (b)

https://www.instagram.com/etahlp/

7 October 2023
Ruslan Sirota Group
at Sam First

Ruslan Sirota (p), Anthony Fung (dr), Mike Gurrola (b),
Kira Levin (vo)

http://samfirstbar.com/

eta

48

6 October 2023

AUSTIN

Destination 5

煙に蒸留される目論見。
そして天然のプールで清める邪念。

テキサスのオースティンに立ち寄るとなると、『BLUE GIANT』にインスパイアされた企画としては少し脇道を進んでしまったことを否定できません。実際ロサンゼルスを後にして宮本大はメキシコに渡ってピアニストのアントニオとめぐり逢い、テキサスならヒューストンで凄腕ドラマーのゾッドと邂逅を果たして、「MOMENTUM」編でニューヨークに向かうための礎を築きます。ではなぜ僕はオースティンに向かったのか?

インスタグラムをパトロールしている中で思わず指が止まった、ある動画がきっかけです。その動画では 2023 年のグラミー賞で新人賞とジャズ・ヴォーカル・アルバム賞を受賞したサマラ・ジョイが明らかに飛び込みと分かる風情（パーカーにデニム!）でその見事な歌声を披露しているではありませんか。その場所がオースティンのジャズシーンを代表するヴェニュー、「Parker Jazz Club」でした。聞けばそもそもオースティンは全米を代表するライブ・ミュージックの街であること、そして泣く子も黙るテキサスBBQの聖地。この2つの事由に突き動かされたことで、『スケッチ・オブ・ブルー』の 5 つめの目的地はオースティンに決定しました。そして振り返ればこの頃から旅の目的は、『BLUE GIANT』の聖地巡礼という目論見から蒸留されて、この目で確かめるアメリカのリアル・ジャズといった趣に傾いていったような気がします。

個人的にも初の訪問となるアメリカの南部エリア。そしてオースティンに限って言えばジャズが楽しめるヴェニューとなると上述の「Parker Jazz Club」を含めて 3 店舗ほどに限られ、うち 1 店舗はギグ自体がキャンセルという悲運にも見舞われましたが、そもそもが 2 泊 3 日という強行スケジュールだったこともあり、振り返ればちょうどいい旅程であったと思います。でなければ食事やちょっとしたアクティビティといった旅のおまけも享受することができませんでした。

そのちょっとしたアクティビティというのがなにかと申しますと、僕は旅先では必ずと言っていいほどその土地の市民プールで泳ぎます。全然音楽の話じゃなくてごめんなさい。でもオースティンのプールは本当に素晴らしくて、その名は「Barton Springs Pool」といい、天然の川の一部をプールとして活用しており、若かりしロバート・レッドフォードが水泳の練習をしていたという逸話も。念の為言い訳しておきますと、これは旅の自慢とかではなく、歳を重ねるほどに日々のルーティンを持つこと&守ることは大事という、そんなことをお伝えしたかったのです。

Footsteps in Austin

1 October 2023
Henri Herbert
at Elephant Room

Henri Herbert (p/vo), Nate Rowe (b),
Jason Corbiere (dr)

http://www.elephantroom.com/

1 October 2023
Dr. Jim Rose and the gang
at Parker Jazz Club

Dr. Jim Rose (tp/vo), Kris Kimura (sax),
Jon Blondell (tb), Ben Triesch (b), Jeremy Bruch (dr),
Ryan Davis (p), Brad Scheele (tb)

https://www.parkerjazzclub.com/

Elephant Room

1 October 2023

NEW ORLEANS

Destination 6

大切なことは二つだけ。
そしてフレンチメン・ストリートで二度の大泣き。

言わずと知れたジャズ生誕の地、ニューオリンズ。フランスのジャズ普及に貢献した 1950 年代パリのヒップスター、ボリス・ヴィアンの信者である僕にとっていつか訪れなければいけなかった場所。なぜならボリス・ヴィアンはジャズ評論家やトランペット奏者のほかに小説家としての顔を持ち、代表作『うたかたの日々（日々の泡）』の序文でこう記しています。

" 大切なことは二つだけ。どんな流儀であれ、きれいな女の子相手の恋愛。そしてニューオーリンズの音楽、つまりデューク・エリントンの音楽。ほかのものは消えていい。なぜって醜いから "（野崎歓訳）

学生の頃このフレーズに感銘を受けた僕は、今も弊社コラクソーの名刺に原文を刻んでいるわけで、冷静に考えるととんでもなく反社会的なメッセージを掲げていることに今更気づきました。ともあれルイ・アームストロング国際空港から滞在先であるフレンチ・クォーターと呼ばれるエリアに辿り着けば、フランス統治時代の名残が色濃く残る街の佇まいに感動することしきり。道中 Uber のドライバーが教えてくれたのはおすすめのクレオール料理店のみならず、「有名なバーボン・ストリートというのはただの観光地だ。本当に音楽が好きならフレンチメン・ストリートに行け！」と。揺るぎない事実だったので滞在中はその通りに

足繁く通うことになります。空港のネーミングといい、その噂の通りの名前までいちいち感動のツボを押してくれるニューオリンズ。

僕はこの街で二度大泣きしました。最初の大泣きは、フレンチメン・ストリートの老舗ジャズ・ビストロ「Snug Harbor」で催されたアート・ブレイキーのトリビュート・コンサート。残念ながら撮影禁止のヴェニューなので記録はございませんが、実際に The Jazz Messengers であったドナルド・ハリソン Jr. と名手ニコラス・ペイトンとの掛け合いに、涙を止めることができませんでした。

二度目の大泣きは、路上で。夜中フレンチメン・ストリートからの帰り道に、壊れたピアノが捨てられていました。なんとニューオリンズらしい光景だろうと思ったのも束の間、そのオーナーも行き先も失ったピアノから音がするではないですか。ピアノに指を置く男性は、察するに家なき身分。そこに至るまでの彼のヒストリーは知る由もありませんが、少なくとも僕よりは弾ける。そしておそらく人並みとは言えない暮らしをしている。つまり、どんな変化が人生に起こったとしても、音楽はどこにも行かないんだっていうこと、音楽は心にいつまでも残るんだっていうとてもプリミティブな光景を、この街で目の当たりにしたのでした。

Footsteps in New Orleans

3 October 2023
TBC Brass Band
at Maple Leaf Bar

Brenard "Bunny" Adams (tub), Sean Roberts (tp),
Paul Cheenne (sax), Edward "Juicy" Jackson III (tb),
Joseph Maize Jr. (tb), Devin Vance (tb),
Darren Towns (bass dr), Hasaan Goffner (snare dr),
Gregory Warner(tp), Caleb Tokarska (gt)

http://www.mapleleafbar.com/

4 October 2023
Hobo Gadget Junk Band
at Apple Barrel

Badger (vo/gt), Fitzgerald Palmer (banj),
Jaylin Dardar (Washboard), Horchi (cl), Billy Orman (tub)

https://blackcatsf.com/

5 October 2023
John Boutté
at dba

John Boutté (vo), Oscar Rossignoli (p), Caleb Tokarska (gt),
Nobumasa Ozaki (b), Herman LeBeaux (dr)

https://www.dbaneworleans.com/

Maple Leaf Bar   3 October 2023

Apple Barrel

4 October 2023

dba

5 October 2023

PHILADELPHIA

Destination 7

神様がちょっとだけご褒美をくれる街で、
心の導火線に火が灯る音が聞こえた。

宮本大が立ち寄らなかった街ではありますが、東海岸をリサーチする中で魅力的なヴェニュー、例えば「Time」や「Chris' Jazz Cafe」等を発見したので目的地としてこのフィラデルフィアを追加することに。この街に辿り着く頃にはアメリカ横断の旅もすでに後半戦。紆余曲折を経ながらこのプロジェクトにおける自分なりのやり方が見えてきたようにも感じました。滞在先の過ごし方も、ホテルは必ずダウンタウンに取るとか、食事もなるべくその周りで済まして夜のために体力を温存するとか。他にも朝はエクササイズとして市民プールに泳ぎに行くとか、そんなルーティンを確立しつつ、アーティストやヴェニューへは体当たり取材が当たり前なのできちんと撮れ高が確保できるものか、いつも不安が付き纏っていました。

それでも思い切りの良さだけを頼りに果敢に演奏終わりのアーティストにカメラを向けに行くと、予定もしてなかったようなインタビューが突然出来たりするんです。10も年下のミュージシャンに「いきなりなんだ? 随分熱心だな。こっちに来ている学生か?」なんて軽口叩かれながら、話した後には「おいおいマジかよ。お前の行動力、すごいな」とか煽られてしまったり。アウトサイダーであればこそスポンタニアスな流れに身を委ねるべきなのかな、と。ある意味ジャズですね。

人生がなんとなく定まりつつある40代。まだ可能性があるとも信じたい。しかし30代までに精神的にも経験的にも積み上げた貯えみたいなのってもう使い果たしそうだから、みんな勇み足になっていません? 今更失敗はしたくもない。もう大人だからちょっとくらいカッコつけたい。でも世間は、そして世界は、自分が思っているほどてめえのことなんてまったく気にしてないわけです。みんな忙しいし、もっと楽しくて、凄いものがゴロゴロある。それでも、もし成し遂げたい何かがあるのであれば、やっぱり自分の常識を超えなきゃいけない。今目の前にある当たり前は、当たり前なんかじゃない。よく聞くような、他の誰かから聞いたような話じゃなくて、自分の経験から無知を知らなきゃいけない。いつだってゼロになる勇気を携えて、いつまでも勉強しなきゃいけない。そして実直にコレを実践すると、神様がちょっとだけご褒美をくれる。そんなことを感じたフィラデルフィアの旅でした。

そうそう。フィラデルフィアといえばなによりも『ロッキー』の街。シルヴェスター・スタローンが駆け上ったロッキー・ステップと呼ばれる美術館前の階段では、ウクライナのみなさんがプーチンに怒って決起集会の最中でした。声を出すんだ! 拳を突き上げろ! 基本的に僕は政治にもボクシングにも関係ない人間ですが、心の導火線に火が灯る音が聞こえたことはお伝えしておきましょう。

Footsteps in Philadelphia

23 February 2024
Joe Peri & His Quartet
at Chris' Jazz Cafe

Joe Peri (dr), Lucas Pino (ts), Adam Birnbaum (p),
Kaisa Mäensivu (b)

https://www.chrisjazzcafe.com/

23 February 2024
MB & tHe MisPHitZ
at TIME

Marlon B Lewis (dr), Raymond Bernard (b), King Kito (vo),
Elijah Cole (gt)

https://www.timerestaurant.net/

24 February 2024
Glenn Bryan & Friends with Anessa LaRae
at SOUTH Jazz Club

Glenn Bryan (p), Anessa LaRae (vo), Antoine Dodson (vo),
Lee Patterson (b), Robert Landum (sax), Bob Ferguson (tp),
Ricardo Morales (perc) , Kevin James (dr)

https://www.southjazzkitchen.com/

25 February 2024
James Santangelo Trio
at TIME

James Santangelo (p), Khary Abdul-Shaheed (dr),
Jon L. Smith (b), Christian Klinefelter (b)

https://www.timerestaurant.net/

Chris' Jazz Cafe

23 February 2024

SOUTH Jazz Club

24 February 2024

Destination 8

CHICAGO

唯一ジャズを耳にしなかった日、それはある意味「完璧な日」だった。

旅の道中、「シカゴには行かないの?」とよく聞かれたものです。それほどにアメリカではジャズを語るのに外せない街。夜の演奏家は時にキャッツと例えられますが、この街ではブルズと称するのが正解か? それほどに猛々しい名手・名演を目撃しました。こりゃ日本人なんて到底敵わないよとか思ってしまいます。（ジャズに限らずこの辺りからグリルド・サーモンって平均値高いんちゃうか!? という発見もアリ）

上手い下手だけの話じゃねーんだよ。ソウルだよ、魂だよとかよく聞くし、マインドだ精神だと他の言葉に置き換えることもできるでしょう。だから例えば僕らが想像もつかないようなとんでもないやる気と投資で K-POP がこの国のみならず欧米社会に食い込んだことも目の当たりにしています。ならば近現代の侍魂は如何に? 常日頃日本人らしさとはなんだろう、と考える今日この頃。ジャズの話からは少し離れるのですが、この場を借りてお話ししておきたいことがあります。

連日感動と羨望がひしめく中、このシカゴ取材時はスケジュールにゆとりもあり最終日をオフとすることができました。初日のヴェニューで隣に座った子が行くべしと教えてくれた「MUSIC BOX」なる映画館を調べてみると、なんと我らが『PERFECT DAYS』をやっているというので向かうことに。趣ある建築に、初の海外鑑賞ということを差し引いても、十分に泣けました。2 度目だけど、やっぱり感動したし、これは確実にアメリカ人にも刺さっていた。そこ笑う!? という驚きもあったり、平山の知り得ない過去に一緒に涙したり、エンドロール前には拍手喝采。オスカー獲るの、全然有り得る話と思ったものです。

とんでもないやる気とか投資がこの映画をここまで持ってきたのかは分かりません。ただ、「とんでもなく繊細で、美しい詩」というのがアメリカで与えられている称号です。唯一の日本人としてあの劇場に居合わせたことが、なんだか誇らしかった。美しくあること。そこなんじゃないかって思ったのです。大切なことは、誰かと比べることじゃない。自分に向き合え! 自分に向き合って、美しくあろうと思えば、それは強さになるし、なにかを上手くしてくれるかもしれないし、きっと誰かを助けることができるんじゃないかって。アメリカで日本映画を観て感じたこと。そしてこれは映画に限らず、音楽やほかの分野においても通奏低音として響くことのように思えるのです。

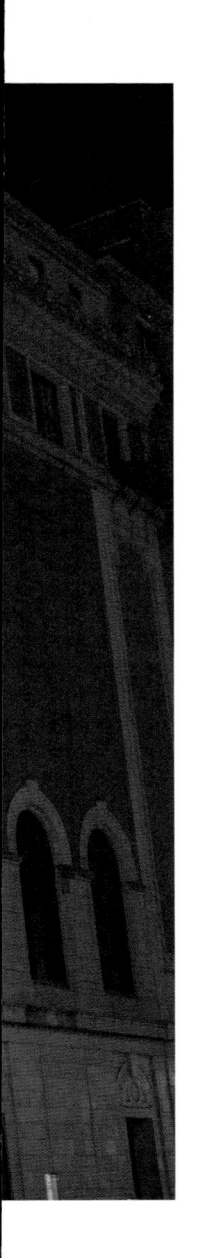

Footsteps in Chicago

28 February 2024
Chicago Cellar Boys
at The Green Mill

Andy Schumm (cor/cl/sax), John Otto (cl/sax),
Natalie Scharf (cl/sax) , Jim Barrett (banj/gt),
Paul Asaro (p/vo), Dan Anderson (tub/b)

https://greenmilljazz.com/

29 February 2024
Micah Collier
at Andy's Jazz Club

Micah Collier (b), Will Mallard (tp),
Frank J. Morrison (dr), Elio Adriano (p)

https://andysjazzclub.com/

29 February 2024
Josh Berman & Jason Stein Quartet
at Constellation

Josh Berman (cor), Jason Stein (cl),
Jeremy Cunningham (dr), Katie Ernst (b)

https://constellation-chicago.com/

1 March 2024
Marques Carroll
at Andy's Jazz Club

Marques Carroll (tp), Brent Griffin, Jr. (as),
Julian Davis Reid (p), Christian Dillingham (b),
Greg Artry (dr)

https://andysjazzclub.com/

1 March 2024
Christopher McBride Quintet
at Jazz Showcase

Christopher Mcbride (sax), Clif Wallace (dr),
Idris Frederick (p), Victor Garcia (tp),
Micah Collier (b), Imani Rousselle (vo)

https://www.jazzshowcase.com/

The Green Mill

28 February 2024

97

Destination 9

BOSTON

豆の街は、桜咲く「精神と時の部屋」。
大人だってなりたい自分をまだ探すのだ。

通称"ビーンタウン"。バークリー音楽大学と「Wally's Cafe」に行かなければこの旅は完結できないと決め込んで、ニューヨークから1泊2日のせっかちなスケジュールでボストンに向かいました。前者は言わずと知れたジャズを志す若者の世界的な登竜門。日本からも古くは渡辺貞夫さんや秋吉敏子さん、最近なら12歳で飛び級の合格を果たした古里愛さんまで数多くのアーティストがその門を叩いています。かたや「Wally's Cafe」をはじめて知ったのは雑誌の仕事でBIGYUKIさんにインタビューした時。驚くことにその後、三宅純さんの口からも書籍『MOMENTS』の制作に際しそのヴェニューの名を聞いたときは、このお店がどれほどボストンの歴史的遺産であるかを改めて認識しました。

たった2日、たった2つのライブでは多くを語るほどの体験に至らなかったのが実情。この空白を埋めるべく久しぶりに『BLUE GIANT』(ボストンが舞台となる「EXPLORER」編9巻)を開いてみましたが、あかんですね。また涙が止まりません。大と雪祈の再会、そしてアントニオの仕業で突然はじまる白熱の共演。誰もが自分を確立するために突き進むのが人生でしょう。その準備のための場所が、誰しも必ず必要になる。漫画の中でゾッドはボストンに立ち寄る理由をスモールにスタートするためと言っていましたが、この街にはバークリーのみならずハーバードやMITがあることからも、業界問わずトップランナーになるためのアメリカ版「精神と時の部屋」(©ドラゴンボール)と例えることもできるのではないでしょうか。

かなり無理やりな例えに走りましたが(苦笑)、この街に感じた瑞々しさをそう捉えることで自分の中では合点がいくのです。奇しくもアメリカにあって桜と美しいレンガが続く光景は、心と身体のエイジングが進行する40代の東洋人男性をフレッシュに浄化させるに十分の環境でありました。何者かになるために、自分を探す旅。別にそれって若者だけの特権だとは思わないのです。大人になって、家庭を持って、責任を伴う立場になっても、各々がなりたい自分を探し続けていると思うのです。だからきっと僕のアメリカ横断の旅にも意義がある。そんなことを考えながら桜散るボストンの街を歩いておりました。

Footsteps in Boston

1 May 2024
Yulia Musayelyan
at Beehive Restaurant

Yulia Musayelyan (fl), Maxim Lubarsky (p),
Fernando Huergo (b), Mark Walker (dr)

https://www.beehiveboston.com/

1 May 2024
A Jam Session
at Wally's Cafe

Salim Charvet (sax), Ilya Blazh (dr),
Kevin Harris (p), Max Ridley (b)

https://wallyscafe.com/

Wally's Cafe   1 May 2024

Destination 10

NEW YORK

"土砂降り" の眩いニューヨークが教えてくれた、もの凄くプリミティブなこと。

別に横断なんてわざわざしなくたって、はじめからニューヨークに来ていればよかったんじゃないか。そう思えるほどこの街に詰め込まれた音も、それを奏でる人もすべてが圧巻でした。結論が急かされる現代にあって、それも間違いではありません。観光ガイドに記される「Smalls」や泣く子も黙る本店「Blue Note」。新世代が輝く「Nublu」に、ブルックリンの秘境「Ornithology Jazz Club」までそのコンテンツ量は他の追随を許しません。

同時に、ひとりで東京から海を渡って、誰の助けを借りるわけでもなく覚えたてのカメラといつまでも上手くならない英語だけを頼りに、1冊の本に収まるだけのサウンドスケープを採取することができたのは、わざわざシアトルからはじめた旅を通じて得た、経験と知恵があってのこと。だから、結論を急ぐ必要などなかったと今でも思えます。

頭の片隅で、なんとなくガイドブック的なものを作ろうと思っていた当初の目論見から変わったのも、大陸横断の軌跡があってこそ。良質なヴェニューと、優れたミュージシャンの情報を手繰り寄せたいと願うのは、場所が日本であっても一緒でした。ただ、この旅を通じて僕がヒシヒシと感じたことは、有名なヴェニューやアーティストに近づけることがその感動を増幅されるのではなく、今目の前で鳴っている音楽そのものに近づくことができるかどう

か。だからどこを切り取っても素晴らしいと断言できるニューヨークであれ、メジャーなギグよりマイナーなものの方が、身体に音が入り込んできたことを告白しておきます。

「Nublu」であればマンハッタンのライブミュージックコミュニティが押し寄せる "Producer Mondays"。キャブを降りた途端に遭遇した、ショーを控えるコーラス隊の路上リハ。「Ornithology Jazz Club」は最寄りの駅を降りたらもうスパイク・リーの映画に迷い込んだようなモーレツにブルックリンな景色。独特な緊張感を伴って扉を開ければすぐさま胸に突き刺さってくるアーリー・バード＝若手奏者のソリッドなインタープレイ。どれもほかの誰かの古い記憶をコピペしたような情報からは拾えない経験でした。

体験は知識を凌駕する。これ絶対っすね。そして音楽は常に更新されている。不況とか AI がどうとか関係ない。手段がなんであれ、音が鳴るはじめの一歩はヒトの手から。この世に人間が在る限り、これからも音楽は更新される。ジャズやニューヨークといったマジックワード、それに摩天楼の眩い光が土砂降りの勢いで襲いかかってきても、大切なことは変わらないのです。

ニューヨークが教えてくれた、もの凄くプリミティブなこと。

Footsteps in New York 1

26 April 2024

Ashni
at Joe's Pub

Ashni Davé (p/vo), Almog Sharvit (b),
Ben Shilashi (dr), Ria Modak (gt),
Kate Victor(chor), Sound Sovereign (chor),
Ishita Mili (dance)

https://publictheater.org/programs/joes-pub/

29 April 2024

Bilal
at Blue Note

Bilal (vo), ASAR (key), Randy Runyon (gt),
Tone Whitfield (b), Joe Blaxx (dr)

https://www.bluenotejazz.com/nyc/

29 April 2024

Ray Angry & The Council of Goldfingers
at Nublu
[Producer Mondays]

Ray Angry (key), Lex Sadler (b), Jermaine (perc),
Leah Rich (vo), Matt Goldstein (vo), Archana (vo),
Kayla G. Carpenter (vo), Tracy LJ Robertson (vo),
Aaron (vo) and more

https://nublu.net/

30 April 2024

Tyrone Allen
at Ornithology Jazz Club
[Earlybird Show]

Tyrone Allen (b), Neta Raanan (sax), Lex Korten (p),
Anwar M. Marshall (dr)

https://www.ornithologyjazzclub.com/

Blue Note

29 April 2024

Nublu

29 April 2024

Footsteps in New York 2

30 April 2024
Richard Julian
at LunÁtico

Richard Julian (gt/p/vo), J. Walter Hawkes (tb), Jon Lampley (tp),
John Ellis (sax), Chris Morrissey (b), Dan Rieser (dr)
& featuring The Gentle Reminders: Vanisha Gould /
Katie Martucci / Sami Stevens

https://www.barlunatico.com/

3 May 2024
Johnathan Blake
at Village Vanguard

Johnathan Blake (dr), Dayna Stephens (sax),
Jalen Baker (vib), Fabian Almazan (p), Larry Grenadier (b)

https://villagevanguard.com/

4 May 2024
Kamasi Washington
at Beacon Theatre

Kamasi Washington (sax), Miles Mosley (b),
Brandon Coleman (key), Ryan Porter (tb), Tony Austin (dr),
Rickey Washington (fl), Patrice Quinn (vo)

https://www.msg.com/beacon-theatre

LunÁtico

30 April 2024

Village Vanguard

3 May 2024

この旅の、おわりに。

この本の冒頭に記したように、シアトルにはじまってニューヨークに至るルートは漫画『BLUE GIANT』にインスパイアされたことが発端ですが、アメリカで過ごす時間が長くなるほどに、そのきっかけよりなにより目の前で起きている現実の世界とそこで鳴っている音楽に没頭していくことに。やはりリアルに勝るドラマはないということでしょう。

100 人いれば 100 通りのヒストリーがある。それが人生です。紆余曲折も遠回りもたくさんして現在に至っています。18 歳で上京してジャズが好きになって、ジャイルス・ピーターソンのコンピに衝撃を受け、キティ・ウィンターの "New Morning" に感動した。おっさんになった自分がもしもその頃の自分に語りかけるなら、「分かってねぇなーお前、ソレはジャズっていうかブラジリアンフュージョンといってだなぁ、とりわけその頃のドイツは云々カンヌン...」とかそんなことじゃなくて、、、

『それでいい。そのまま行け！』

って背中を押すのではないでしょうか。恥ずかしがらずに申し上げるなら、後悔なき航海を今日まで続けてこられました。もちろん勘違いは山ほど、イキったことも数知れず。無限の失敗と恥。それでも胸を張りたいのは、変わらない自分が今もあること。音楽なのか編集なのかとか、広告でもなんでもいい。これまでの人生で他人に理解してもらうため多用したどの職業的形容詞を差し引いても、好奇心を失わず、自分にとって好きだ、素敵だ、美しいと思えるものを追い求め、それを紹介したい、共有したいと欲して努力する。誰に請われることなく身勝手に燃やす情熱。そんなことが、有り難いほどに変わらないのです。

間違いなく、自分が特別とは思いません。オレはもっとやってるぜ、とか、お前なんてタマタマなんちゃらとか、思う人もいるかもしれない。それでもまだ自分に『そのまま行け！』って思わせてくれる先人の力強い言葉があるので結びの言葉として此処に紹介させていただきます。ご存知の方もいるかもしれませんが、米雑誌『LIFE』のモットーです。

世界を見よう、
危険でも立ち向かおう、
壁の裏側を覗こう、
もっと近づこう、
もっとお互いを知ろう、
そして感じよう。
それが人生の目的だから。

TO SEE THE WORLD,
THINGS DANGEROUS TO COME TO,
TO SEE BEHIND WALLS,
TO DRAW CLOSER,
TO FIND EACH OTHER AND TO FEEL.
THAT IS THE PURPOSE OF LIFE.

人生の目的を言い表すのに、これ以上の言葉が何処にあるだろう。なのでちゃっかりこの場を借りて輝く未来が待ち受けるウチの芽吹と新芽にこの言葉を送ります。そして我が家の聖母、紀子に最大級の感謝を。ありがとう！

三浦 信

Sketches of blue (Vol.1 USA)

スケッチ・オブ・ブルー（1巻 アメリカ合衆国編）

編著・撮影：三浦 信
アートディレクション：高橋 了
校閲：菅原海大
協力：藤田ちひろ

https://sketchesofblue.com/

発行日：2025 年 3 月 3 日
編集人・発行人：三浦 信
発行：株式会社コラクソー
印刷：モリモト印刷

©COLAXO Inc.
https://colaxo.jp/

978-4-910808-03-1 C0073

Printed in Japan